A MM. LES MEMBRES DE LA CHAMBRE DES DÉPUTÉS

MÉMOIRE SUPPLÉMENTAIRE

PRÉSENTÉ PAR LA

SOCIÉTÉ GÉNÉRALE D'EAUX MINÉRALES NATURELLES DU BASSIN DE VICHY ET DU CENTRE DE LA FRANCE

EN

RÉPONSE AU RAPPORT

(Nᵒ 2394)

De M. Maurice LASSERRE, député

FAIT AU NOM DE LA COMMISSION DU BUDGET CHARGÉE D'EXAMINER LE PROJET DE LOI

PORTANT APPROBATION D'UNE **CONVENTION** PASSÉE ENTRE LE MINISTRE DE

L'INTÉRIEUR ET LA *Compagnie Fermière de l'Etablissement Thermal de Vichy.*

VICHY

IMPRIMERIE C. BOUGAREL

Rue Sornin

1897

MÉMOIRE SUPPLÉMENTAIRE

PRÉSENTÉ PAR LA

SOCIÉTÉ GÉNÉRALE

DES EAUX MINÉRALES NATURELLES DU BASSIN DE VICHY ET DU CENTRE DE LA FRANCE

EN

RÉPONSE AU RAPPORT

(N° 2391)

De M. Maurice LASSERRE, député

FAIT AU NOM DE LA COMMISSION DU BUDGET CHARGÉE D'EXAMINER LE PROJET DE LOI PORTANT APPROBATION D'UNE CONVENTION PASSÉE ENTRE LE MINISTRE DE L'INTÉRIEUR ET LA *Compagnie Fermière de l'Établissement Thermal de Vichy*.

MESSIEURS,

Le Rapport par lequel on vous propose, au nom de votre Commission du Budget, de voter une Convention, qui concède, *de gré à gré*, à la Compagnie Fermière de l'Établissement Thermal de Vichy la prolongation de son bail, appelle, de notre part, quelques réponses.

Ce n'est pas que M. Maurice Lasserre ait, dans une mesure quelconque, réfuté les critiques que nous avons dirigées contre cette Convention, dans un précédent *Mémoire*, en date du 2 octobre 1896, que vous avez entre les mains. Si vous voulez bien vous y reporter et le parcourir, sans vous laisser effrayer par sa longueur que nous regrettons autant que M. le Rapporteur lui-même, vous retirerez, nous n'en doutons pas, de sa lecture l'impression que nos critiques demeurent intactes et debout.

Mais il n'est pas sans intérêt de relever dans l'œuvre de M. Lasserre des erreurs de fait, de calcul ou de chiffres, qui l'ont entraîné, et la Commission du Budget à sa suite, à des appréciations et à des conclusions fausses, que nous ne voudrions pas vous voir accepter.

Tout d'abord, il ne faudrait pas croire, comme le Rapporteur semble vous y convier, que les quelques modifications introduites, sur les indications de la Sous-Commission du Budget, dans la Convention du 19 février 1896, en aient transformé le caractère et amélioré les résultats.

La vérité est tout autre.

Nous estimons, quant à nous, — et le but de ce nouveau *Mémoire* est d'essayer de vous faire partager cette conviction, — que, ni dans sa teneur actuelle, ni dans sa teneur primitive, la Convention qui est proposée à votre approbation n'est conforme au droit, aux principes républicains, et aux vrais intérêts de l'Etat dont vous êtes les gardiens.

Aujourd'hui, comme hier, une double question se pose :

1° *La Convention est-elle légale ?*

2° *Est-elle plus avantageuse pour l'État que ne le serait une adjudication publique sur cahier des charges ?*

Cette double question résume et, pourrions-nous dire, domine si bien le débat, que nous avons hâte de la discuter, en négligeant, dans le Rapport, ce que nous appellerons les bagatelles de la porte.

Nous avouons, en effet, ne pas éprouver la même admiration que M. Lasserre pour cette concentration merveilleuse que *l'affaire de Vichy* a eu l'heureuse fortune de réaliser entre deux cabinets successifs : le cabinet Bourgeois et le cabinet Méline.

Pour nous, ce n'est pas un argument en faveur de la Convention. C'est simplement une démonstration de plus de cette vérité banale : que les *ministres passent*, mais que les *bureaux restent*. Et les bureaux tiennent à cette Convention qu'ils ont couvée, et qu'ils ont eu l'habileté, avant de la présenter à la signature du Gouvernement, de faire couvrir par les délibérations d'une Commission extraparlementaire, — dans laquelle d'ailleurs, sur *dix* membres, *huit* étaient des *fonctionnaires* !

Nous ne sommes pas touchés davantage par cette sorte de *consensus populi* que le Rapport a essayé d'établir avec une pétition des habitants de Vichy et deux vœux du Conseil Municipal de cette ville et du Conseil Général de l'Allier.

Si, Messieurs les Membres de la Sous-Commission du Budget, dans la visite d'un jour qu'ils ont faite à Vichy, n'avaient pas entendu que des partisans de la Convention; s'ils nous avaient fait l'honneur de nous convoquer, pour permettre à toutes les opinions de se produire, nous n'aurions pas manqué de leur faire observer que le vœu émis par le Conseil Général de l'Allier en 1890, vieux déjà de sept ans, pouvait avoir sa raison d'être à cette époque, *quatorze ans avant la fin du bail en cours*, mais qu'il ne l'aurait plus aujourd'hui que nous touchons presque à cette fin.

En compulsant, avec eux, les Registres des Délibérations du Conseil municipal de Vichy, nous aurions opposé à la délibération du 18 août 1883, citée dans le Rapport, nombre de délibérations, antérieures ou postérieures, en opposition si absolue avec celle-ci qu'un publiciste bien connu, M. Armand Cazaux, a pu justement écrire un jour les lignes suivantes qui se passent de tout commentaire : « Cette même « Municipalité n'a-t-elle pas protesté vingt fois contre les empiètements « de la Compagnie fermière, n'a-t-elle pas dénoncé les actes de cette « dernière au Gouvernement lui-même comme arbitraires et de nature « à nuire aux véritables intérêts de la ville de Vichy ? Bien mieux, la « plupart des élections faites dans ces dernières années à Vichy ont « été faites contre la Compagnie ! Et voilà qu'à quelques jours d'in- « tervalle, voyant le Casino Municipal à l'eau, l'édilité perd la tête, elle « s'imagine que Vichy est en péril et se jette sans réflexion dans les « bras du Minotaure ! »

Aux 1464 signataires de la pétition de 1892 demandant — non le renouvellement du bail de la Compagnie, — mais seulement que dans le cas où il serait donné suite au projet de prolongation de ce bail, le Parlement s'inspire généreusement des intérêts particuliers de la première station thermale de France, en inscrivant en tête des améliorations projetées, l'exécution des travaux *d'adduction d'eau potable* et de *réfection des égouts*, nous aurions opposé une autre pétition de février 1890, signée par 1330 habitants de Vichy qui dans l'exposé de leurs revendications, attribuaient tous leurs maux à cette même Compagnie, la dénonçant au Président de la République comme la plus implacable ennemie de l'Etat.

Dès lors, quelle importance attacher à des manifestations aussi variables et aussi contradictoires ?

Quant aux prétendues *insinuations* que M. Lasserre a cru voir dans notre précédent *Mémoire*, nous n'avons à dire qu'un mot : Nous avons discuté la Convention en adversaires loyaux, avec des arguments de droit, des faits, des textes, des chiffres qui n'ont pas été contestés parce qu'ils ne pouvaient pas l'être, mais non avec des insinuations. Si le soupçon vient effleurer les négociateurs de cette Convention, c'est qu'il se dégage, comme par une sorte de génération spontanée, de l'irrégularité de la situation qu'ils ont créée en substituant un traité *de gré à gré* avec une puissante Société financière à l'adjudication publique qui est la loi. Ils y auraient échappé en restant dans le droit.

***

I. — Question de légalité de la Convention de gré à gré.

Mais *l'adjudication publique* est-elle bien vraiment — ainsi que nous l'avons affirmé dans notre *Mémoire* du 2 octobre 1896, et que nous le soutenons dans l'instance que nous avons introduite devant le Conseil d'Etat contre la Convention dans notre pourvoi nº 90,697, du 24 février 1897, — l'adjudication est-elle bien la *Loi*, le *Droit?*

Sur cette première question, — question de principe, en quelque sorte préjudicielle, — voici comment s'exprime le Rapport de M. Lasserre :

« Nous ne méconnaissons nullement que l'adjudication par voie « d'enchères publiques, est la forme généralement suivie en matière « de baux domaniaux, mais elle ne constitue nullement, comme on « voudrait le faire croire, un principe de droit.

« Les auteurs du Mémoire précité, » — c'est de notre Mémoire du 2 octobre 1896 qu'il s'agit — « citent à l'appui de leur thèse les textes « de la loi des 23-28 octobre 1790, et l'arrêté du 3 floréal an VIII.

« Ces deux textes ne sont rien moins que topiques;

« 1º En effet la loi des 23-28 octobre 1790 est spéciale. Elle est rela- « tive à la désignation des biens à vendre.

« Elle ne s'adresse d'ailleurs qu'aux administrations locales, et se « préoccupe surtout de leur interdire l'exploitation en régie;

« 2º L'arrêté des Consuls du 3 floréal an VIII est un acte gouverne- « mental qui ne saurait lier le souverain. Lui aussi ne s'adresse qu'aux « fonctionnaires locaux auxquels il trace les formes à suivre pour « l'administration des sources appartenant à l'Etat. Le décret du « 25 mars 1852 y introduit d'ailleurs une exception qui prouve une « fois de plus que le principe n'a rien d'absolu. »

Telles sont, Messieurs, les affirmations à l'aide desquelles M. le Rapporteur écarte les textes de Loi par nous invoqués.

Elles constituent, croyons-nous, autant d'erreurs; et nous vous demandons la permission d'en faire la démonstration.

1º *La loi des 23-28 Octobre 1790 est-elle spéciale; est-elle seulement relative à la désignation des biens nationaux à vendre?*

L'intitulé, lui-même, de la loi montre bien que celle-ci se rapporte non seulement à la vente, mais encore à *l'administration* des biens na-

tionaux : « Décret relatif à la vente et à l'*administration* des biens natio-
« naux, aux créanciers particuliers des différentes maisons et à l'indem-
« nité de la dîme inféodée. » L'intitulé du Titre II est non moins clair :
« De l'*administration* des biens nationaux en particulier ».

Il suffit, aussi, de lire la loi pour voir que tout le temps le rédacteur
parle de la *gestion*, de l'*administration* des biens domaniaux et notamment des *Baux* qui doivent être passés à leur égard.

2º M. le Rapporteur objecte en outre que *cette loi ne s'adresse qu'aux
administrations locales.*

C'est oublier qu'à ce moment l'Administration des biens domaniaux n'était pas organisée comme maintenant. Sous l'ancien régime
ces biens étaient gérés par des fonctionnaires particuliers; le législateur qui, à cette époque, cherchait à transformer l'administration ne
pouvait les maintenir. En attendant la réforme que l'Assemblée Natio-
nale se proposait d'opérer, ainsi qu'elle le déclarait dans le chapitre IV
de l'*Instruction concernant les fonctions administratives*, il apparut que
les assemblées administratives et leurs directoires, c'est à dire les pouvoirs locaux, étaient admirablement placés pour tirer le meilleur parti
possible des biens situés dans leur ressort. Mais ces assemblées, ces
directoires agissaient comme délégués de l'Etat, ainsi qu'il résulte d'un
décret du 8 juin 1790 qui attribuait à la Municipalité l'administration
des biens nationaux.

3º *La loi de 1790 se préoccuperait surtout*, d'après le Rapport, *d'interdire l'exploitation en régie.*

Le législateur de 1790 fait plus, il impose un mode particulier d'amo-
diation : *l'adjudication par voie d'enchères publiques.* En effet, il ne se
borne pas à dire dans l'article I du Titre II que « les assemblées admi-
« nistratives et leurs directoires ne pourront régir par eux-mêmes ou
« par des préposés quelconques, aucun des biens nationaux », il déclare,
dans le même article « qu'ils seront tenus de *tous* les affermer ». Il ne
s'en tient pas là, il indique dans quelles conditions les baux seront
passés : *publiquement et à l'enchère;* il entre même dans des détails
particuliers, notamment dans l'article 13 ainsi conçu :

« Les baux seront annoncés un mois d'avance, par des publications
« de dimanche en dimanche, à la porte des églises paroissiales de la
« situation, et de celles des principales églises les plus voisines, à l'issue
« de la messe de paroisse et par des affiches, de quinzaine en quinzaine,
« aux lieux accoutumés. L'adjudication sera indiquée à un jour de
« marché, avec le lieu et l'heure où elle se fera. Il y sera procédé publi-
« quement par devant le directoire du district, à la chaleur des en-
« chères, sauf à la remettre à un autre jour, s'il y a lieu. »

Au surplus, le désir du législateur de faire de l'adjudication publique la base du mode d'exploitation, résulte de l'article 2 qui maintient les baux antérieurs passés « dans quelque forme qu'ils soient », lorsqu'ils ont été « passés publiquement et à l'enchère » et de l'article 3 qui déclare nuls et non avenus tous les baux qui n'auraient pas été passés dans ces conditions.

Il faut ajouter que le recours aux enchères publiques était, comme on le sait, en conformité absolue avec les idées qui régnaient alors.

En ce qui concerne l'arrêté des Consuls du 3 floréal an VIII, les remarques de M. le Rapporteur ne sont pas plus fondées que ce qui a trait, dans son travail, à la loi des 23-28 octobre 1790.

1° Cet arrêté, objecte-t-il, *serait un acte gouvernemental qui ne saurait lier le souverain.*

C'est le contraire qui est exact.

La Constitution du 22 frimaire an VIII donnait aux Consuls le droit de proposer les lois et *de faire les règlements nécessaires pour assurer leur exécution.* L'arrêté du 3 floréal an VIII a été manifestement rendu pour assurer, relativement aux Sources d'Eaux minérales appartenant à l'État, les dispositions générales édictées par le législateur de 1790. Pour s'en rendre compte, il suffit de rapprocher les dispositions du Titre II de la loi de 1790, qui imposent si rigoureusement l'adjudication par voie d'enchères publiques, de l'article 1er de l'arrêté consulaire obligeant les préfets à faire mettre en adjudication à l'enchère le produit des Eaux minérales dans les lieux où se trouvent des sources appartenant à la République. D'autre part, il est à noter que l'arrêté du Directoire exécutif du 29 floréal an VII concernant les Sources d'Eaux minérales, disposait formellement, dans son article 18, que « les Sources d'Eaux « minérales appartenant à la République seront affermées. » Donc l'arrêté est obligatoire, ainsi du reste que l'a déclaré le Conseil d'Etat, dans un arrêt récent du 6 mai 1881, se rapportant à une difficulté tranchée, au profit de l'Etat, contre la Compagnie Fermière de l'Etablissement Thermal de Vichy elle-même.

C'est en vain qu'il serait allégué que les Consuls ont excédé leurs pouvoirs. On ne conteste plus aujourd'hui le caractère législatif aux décisions consulaires. Suivant la Constitution du 22 frimaire an VIII, le Sénat conservateur avait mission de maintenir ou d'annuler tous les actes qui lui étaient déférés comme inconstitutionnels ; si dans un délai de *dix* jours un décret n'avait pas été déféré au Sénat, il acquérait force de loi. Tout le monde est d'accord à ce sujet. (Voir notamment Dalloz : Répertoire vᵒ Lois, nᵒ 15 ; Aubry et Rau : *Cours de Droit Civil Français,*

T. Ier, page 8, et les arrêts de la Cour de Cassation cités ibid. note 6).

L'Arrêté Consulaire du 3 floréal an VIII n'a été ni attaqué, ni annulé comme inconstitutionnel. Donc il doit être exécuté comme une loi.

2° D'autre part il est prétendu que cet arrêté *ne s'adresse qu'aux fonctionnaires locaux auxquels il trace les formes à suivre pour l'administration des Sources appartenant à l'État.*

Si les Consuls ont fait appel au concours des Préfets, c'est parce qu'ils ont considéré que ces fonctionnaires, en qualité de représentants du pouvoir central et comme remplaçant les autorités visées par la loi de 1790, étaient en mesure de faire respecter la loi qui, encore une fois, prescrivait l'adjudication aux enchères publiques. Mais il suffit de lire le texte de l'arrêté consulaire, éclairé surtout par l'arrêté du 29 floréal an VII auquel il déclare se référer (art. 11), pour constater que l'autorité supérieure ne se désintéressait, en aucune façon, de l'administration des Sources minérales appartenant à l'État.

3° Enfin, c'est à tort, encore, que M. Maurice Lasserre cherche à restreindre la portée de l'arrêté consulaire. Il semble croire que les Consuls ont voulu tracer des formes à suivre, en quelque sorte faire des *recommandations*. Or, le pouvoir exécutif ne donne ni conseils, ni avis, il **ordonne.** Le ton impératif des différents articles qui constituent l'arrêté consulaire ne saurait échapper. D'autre part, il ne faut pas croire qu'il s'agit purement et simplement de l'*administration* des sources domaniales. Si plusieurs articles se rapportent à cette matière de « l'administration », il est à considérer qu'il y en a deux (l'art. 1er et l'art. 2) qui fixent des règles et des règles formelles pour la « location ».

L'arrêté est, en effet, intitulé : « Arrêté relatif à la *Location* et à l'*Ad-« ministration* des Etablissements d'Eaux minérales. »

Quant au décret du 25 Mars 1852 qui introduirait, d'après M. le Rapporteur, une exception à l'arrêté des Consuls du 3 floréal An VIII, nous regrettons que M. Maurice Lasserre n'ait pas jugé utile de nous en faire connaître, sinon le texte, au moins l'objet.

S'il s'agit du décret du 25 mars 1852 « *sur la décentralisation ad-« ministrative,* » nous déclarons, en toute sincérité, n'y avoir découvert aucune disposition qui modifie, en quoi que ce soit, les règles de droit en matière d'affermage des sources minérales appartenant au Domaine.

Nous avons un autre regret à exprimer : c'est que M. le Rapporteur ait complètement omis de donner son opinion sur une Loi, — très récente celle-là, puisqu'elle date du 30 janvier 1884, — que nous avions citée dans notre précédent *Mémoire*. Cette Loi prescrit la mise en ferme à partir du 1er janvier 1885, des Etablissements thermaux de l'Etat alors exploités en régie. Et, bien loin de donner au pouvoir exécutif la faculté d'affermer à l'amiable et de faire ainsi brèche dans la Législation de 1790 et de l'an VIII, elle en reproduit les prescriptions en disposant, dans son article 18, que ces établissements « seront affermés *par voie* « *de concurrence et de publicité.* »

M. Lasserre eût été bien inspiré de nous expliquer, — si toutefois cela est possible, — pourquoi cette volonté formelle du Législateur de 1884 ne serait pas exécutée en ce qui concerne Vichy, et pour quelle raison, ignorée du bon public, l'Adjudication serait précisément écartée là ou la quantité et la qualité des concurrents, qu'attireront inévitablement les bénéfices aussi brillants que sûrs de la ferme, assureraient à l'État les résultats les plus beaux.

Si M. le Rapporteur ne l'a pas fait, c'est qu'il a cru sans doute que tous vos scrupules de légalité devaient céder devant cet argument, qu'il paraît considérer comme irrésistible, à savoir :

« Que, lorsque l'affaire est du ressort législatif, toutes ces prescrip- « tions disparaissent et que le Parlement prononce dans sa pleine indé- « pendance. »

Et, à l'appui de cette thèse de l'omnipotence du Parlement, il cite l'exemple de la Convention passée entre l'Etat et la Compagnie des Messageries Maritimes, ratifiée par la Chambre dans sa séance du 1er avril 1895.

Ce précédent n'est, Messieurs les Députés, nullement décisif dans l'espèce. Il ne s'agissait pas là, en effet, d'affermage d'un domaine national, comme l'Etablissement Thermal de Vichy, mais de la Concession d'un service de transport de dépêches aux extrémités du globe, nécessitant un matériel, une flotte, un personnel considérables, et pour laquelle aucune loi générale, à notre connaissance du moins, n'impose obligatoirement l'adjudication.

Ici, au contraire, des lois positives, non abrogées, mais confirmées par le Législateur de 1884, commandent impérativement ce mode de louage. Il est donc nécessaire que tous s'y soumettent, de même que tous ont le droit de profiter de leurs dispositions.

Tel n'est point l'avis de M. le Rapporteur, qui, dans un dédain superbe des intérêts des tiers, a écrit cette phrase :

« La théorie qui voudrait que le Parlement fît entrer en ligne de « compte l'intérêt des tiers, candidats éventuels à une adjudication, ne « saurait être discutée ; elle tend visiblement à faire fléchir l'intérêt gé- « néral devant l'intérêt particulier ! »

M. Lasserre ne s'est pas aperçu qu'il justifiait, par cette étrange doctrine, toutes les persécutions, toutes les vexations, toutes les spoliations. Il n'y aurait plus, pour les citoyens, de garanties individuelles contre le despotisme des Gouvernants et des Chambres. Leurs biens, leurs droits, leur liberté, leur vie même, pourraient être, un jour donné, à la merci d'un vote du Parlement, sous prétexte que tout cela n'est qu'intérêts particuliers devant fléchir devant l'intérêt général.

Nous pensons, nous, Messieurs, que le pouvoir des Chambres législatives, quelque grand qu'il soit, ne va pas jusque là, qu'elles peuvent, sans doute, modifier par une *loi générale nouvelle* une loi générale existante, mais qu'elles commettraient un abus intolérable en intervenant dans l'application d'une loi en vigueur, commandant à tous, par une *loi spéciale* et d'*exception* faite en vue d'un cas particulier, pouvant favoriser certains intérêts privés au détriment de certains autres.

C'est parce que nous l'avons jugé ainsi que nous avons déféré, par notre pourvoi du 24 février 1897, au Conseil d'Etat, la Convention du 19 février 1896, dont l'approbation, par vous, nous priverait de l'exercice de droits que la législation antérieure sur la matière nous garantissait.

Ce pourvoi est *pendant* devant la plus haute juridiction administrative du pays, qui a compétence pour dire si nous nous sommes, ou non, trompés, et dont vous ne voudrez pas gêner la libre appréciation par un vote prématuré qui serait une atteinte à son indépendance.

Quant aux précédents, invoqués par M. le Rapporteur, des lois de Concession de 1853 et de 1864 en vertu desquelles la Compagnie fermière jouit actuellement du domaine thermal de Vichy, nous ferons observer que, si ces lois — antérieures à celle du 30 janvier 1884 — ont approuvé une concession amiable, sans concurrence ni publicité, de la ferme de Vichy, c'est qu'aucune candidature rivale ne s'était produite à cette époque en face de la Société Lebobe ou de la Compagnie fermière actuelle, qui faisait, d'autre part, à l'Etat, des apports immobiliers que personne n'était alors en mesure de faire.

La situation a bien changé depuis, et nous croyons l'avoir amplement démontré dans notre précédent *Mémoire*.

Nous aurons l'occasion d'y revenir en examinant la deuxième question posée par le Rapport de M. Lasserre. Nous avons hâte d'y arriver, nous excusant, Messieurs, d'avoir donné à la première des développements peut-être un peu longs. Mais pour réfuter les arguments juridiques présentés par M. le Rapporteur avec l'autorité de son talent et de sa fonction, nous ne pouvions pas nous contenter de simples affirmations. Une discussion approfondie était nécessaire : vous voudrez bien, nous l'espérons, nous pardonner de nous y être livrés.

La *dérogation à la loi commune*, que l'on vous propose d'autoriser par le vote d'une *loi d'exception en faveur de Compagnie Fermière actuelle de Vichy* peut-elle, au moins, se couvrir d'avantages pour l'Etat supérieurs à ceux que lui procurerait une adjudication publique?

C'est la seule question, — d'ordre subsidiaire, — qui se pose, et que nous avons le devoir d'examiner, pour éclairer complètement votre religion, sans rien abandonner d'ailleurs de notre conviction sur le point de droit qui précède.

Donc, de quel côté, en fait, est le véritable intérêt de l'Etat? De quel côté retirerait-il le plus d'avantages? Du côté de l'Adjudication ou du côté de la Prorogation amiable?

A cette question de fait, M. le Rapporteur répond : « La raison do-« minante à l'appui d'une prorogation amiable du bail de la Compagnie « Fermière est tirée de l'*urgence des travaux* à exécuter. »

Cet argument, nous l'avons déjà dit, n'est pas précisément neuf : c'est celui qu'on invoquait déjà en 1864, pour obtenir des Chambres du second Empire le vote d'une première prorogation amiable du bail de la Compagnie Fermière. Et nous ne pouvons, à ce propos, nous dispenser de faire ce rapprochement qu'excusera M. Lasserre, entre certain passage de son Rapport, où il joue merveilleusement du spectre de l'Allemagne, et le début de celui de M. de la Guistière, député, annexé au procès-verbal de la séance du Corps Législatif du 11 avril 1864 et *fait au nom de la Commission chargée d'examiner le Projet de Loi tendant à approuver une Convention passée entre le Ministre de l'Agriculture, du Commerce et des Travaux publics, au nom de l'État, et la Compagnie Fermière de l'Etablissement Thermal de Vichy* :

« Les établissements thermaux d'Allemagne, écrivait en 1864 M. de la Guistière, dont les sources minérales présentent beaucoup d'analogie avec celles de France, ont sur nos établissements du même genre des avantages difficiles à combattre. A la renommée de leurs eaux, ils joignent un grand luxe dans leur installation et l'attrait malheureusement si puissant du jeu. Nous ne saurions certes leur envier ce dernier moyen de séduction, mais la difficulté même d'y suppléer doit engager le Gouvernement à s'efforcer d'exécuter dans nos établissements toutes les améliorations de nature à retenir et à attirer les malades et les riches étrangers qui viennent souvent y demander plutot la distraction que la santé. »	« Il n'est que trop certain, écrit en 1897 M. Maurice Lasserre, que l'Allemagne, principalement en ces dernières années, a consenti de grands sacrifices pour développer la prospérité de ses stations thermales, et tandis qu'à Carlsbad, notamment, les baigneurs trouvent le luxe, le confortable et les distractions désirables en même temps que les aménagements que prescrit la science moderne, nous sommes obligés de convenir que les conditions actuelles d'installation, d'organisation, d'outillage de Vichy ne répondent plus suffisamment ni aux nécessités créées par les applications des nouvelles méthodes thérapeutiques, ni aux exigences de visiteurs qui souvent viennent autant pour se distraire que pour se soigner. »

Ainsi, en 1897, M. Maurice Lasserre se sert des mêmes arguments, nous dirions presque des mêmes phrases et des mêmes mots que M. de la Guistière en 1864 pour essayer d'établir que *Vichy ne peut pàs attendre **sept ans** (!!!)* des travaux qu'on prétend, à tort, indispensables à la lutte qu'il doit soutenir contre les stations thermales étrangères.

Mais, qui ne comprend qu'il en serait ainsi aux alentours de 1934, alors que ce nouveau bail arriverait à sa fin?

Alors les mêmes causes amèneraient inévitablement les mêmes effets. Une fois que les travaux stipulés dans la Convention auraient été accomplis par la Compagnie Fermière, comme cette Convention n'en prévoit pas d'autres qu'on puisse lui imposer au cours de la nouvelle période trentenaire, la Compagnie s'y tiendrait et se verrait bientôt de nouveau dépassée par Carlsbad, dont l'exploitation est tout autre que celle de Vichy

En effet, les eaux minérales de Carlsbad sont la propriété exclusive de la Commune. Celle-ci les exploite directement sans le concours d'une Compagnie Fermière quelconque qui, généralement, s'en tient strictement à son bail et tend uniquement à distribuer les plus gros dividendes possibles, à ses actionnaires.

C'est le *Stadrath* (Conseil Municipal) qui là bas dirige avec le *Bourgmestre* aussi bien les affaires de la Ville que celle des Eaux; ce sont eux qui, chaque année, attribuent une large part des bénéfices de l'affaire à la publicité d'abord et surtout à l'amélioration des services balnéaires ou des établissements de plaisirs, suivant ainsi, pas à pas, les progrès et les découvertes de la science hydrologique ou les grands mouvements de l'art lyrique et dramatique.

Ainsi, Vichy se retrouverait, en 1927, dans une situation telle que le successeur de M. de la Guistière et de M. Maurice Lasserre n'aurait qu'à s'inspirer des passages que nous venons de citer, sinon à les copier, pour demander, aux Chambres d'alors. le vote d'une nouvelle prorogation de 30 ans, en faveur de la même Compagnie Fermière, qui deviendrait de la sorte *concessionnaire à perpétuité* du domaine thermal de l'Etat !

M. de la Guistière, nous avons le regret de le dire, avait plus de bonnes raisons pour conclure, en 1864, à une prorogation amiable du bail des fermiers de l'Etat, que M. Lasserre en 1897. En effet, le bail qu'il s'agissait de proroger en 1864, à la condition imposée aux fermiers de faire immédiatement plus d'un million et demi de travaux nouveaux ne devait prendre fin qu'en 1886, — soit dans *vingt-deux ans,* — pendant lesquels Vichy eût été condamné à rester immobilisé dans sa forme ancienne.

Est-ce la situation aujourd'hui?

Dans sept ans, en juin 1904, l'Etat reprendra, vis à vis de son fermier, toute sa liberté. Qu'est ce qui l'empêche d'attendre quelques années encore pour mettre en adjudication, sur un cahier de charges, *soigneusement préparé* et donnant satisfaction à tout le monde, aussi bien à la Ville qu'aux Hospices, aussi bien au Monde médical qu'au Commerce des Eaux minérales, la ferme de son domaine?

Tel n'est point l'avis de M. Lasserre qui écrit dans son Rapport:

« Nous avons, à la Sous-Commission, visité tous les bâtiments et « nous restons convaincus qu'il y a lieu de *remédier de suite* à l'insuffi- « sance des établissements de Vichy. »

Cependant, voyez combien peu cette affirmation est fondée! Vingt lignes plus bas, M. le Rapporteur constate que « la clientèle augmente « cependant à Vichy, puisque *le nombre des visiteurs* est passé, *dans ces* « *dix dernières années, de **45.000** à **70.000** !* »

Quoi! c'est là le signe de la décadence prochaine de Vichy et de l'insuffisance présente de ses Etablissements?

C'est à n'y rien comprendre.

Mais il existe, paraît-il, une ombre à ce tableau: « *De plus en plus la clientèle riche s'en éloigne!* » écrit M. Lasserre.

Qu'en sait-il?

M. le Professeur Proust l'a établi, dit-il, devant la Sous-Commission !

Et à quels signes M. l'Inspecteur Général des Services sanitaires a-t-il reconnu la « désertion » de cette clientèle riche, « composée princi- « palement d'étrangers », si l'on en croit le Rapport? M. Lasserre omet de vous le dire et cela lui eût été, croyons-nous, fort difficile. Cette assertion ne peut être et n'est, en réalité, que le résultat d'une observation superficielle ou plutôt d'une simple vue de l'esprit: les faits et les chiffres, du reste, la contredisent en tous points.

Si, tout d'abord, la clientèle riche, « composée principalement d'étrangers » désertait Vichy, si même elle n'augmentait pas en même temps que la clientèle qui l'est moins ou qui ne l'est pas du tout, comment expliquer la transformation d'un si grand nombre d'hôtels de deuxième et de troisième ordre en somptueux hôtels de premier ordre, et ces nombreuses constructions de villas, luxueusement meublées, pour familles pouvant dépenser plus de 100 francs par jour, qui se sont opérées depuis dix ans et qui se poursuivent sans ralentissement, et peut-être même inconsidérément, à l'heure actuelle?

La vérité est que la clientèle étrangère — chère à M. le Professeur Proust — a progressé de même que la clientèle bourgeoise, ouvrière ou paysanne et que, sur ce point, nous n'avons rien à redouter de nos concurrents allemands, au contraire.

En effet, il est venu à Vichy en 1895, d'après la *Liste Officielle,* 72,166 baigneurs se répartissant, au point de vue de la nationalité, ainsi qu'il suit :

        Français.   53,992
        Etrangers.   18,174

Donc, sur ces 72,166 baigneurs, la proportion de la clientèle étrangère, par rapport à la clientèle française, était alors de 34 0/0.

Cette proportion est-elle en baisse? Est-elle aujourd'hui inférieure à ce qu'elle était en 1883 et en 1892, puisque ce sont ces deux époques que M. Lasserre a pris comme base de sa discussion? Des chiffres *officiels,* puisés aux Archives de la Ville de Vichy vont vous répondre sur ce point.

En 1883, les 41,992 baigneurs venus à Vichy se répartissaient en 37,232 Français et 4,760 Etrangers. Cela donne la proportion de 13 0/0 pour le nombre d'Etrangers qui ont, cette année-là, fréquenté Vichy.

En 1885, le chiffre des baigneurs s'élevait à 47,083, dont 41,691 Français et 5,392 Etrangers. La proportion ci-dessus restait donc la même, c'est-à-dire de 13 0/0.

En 1892, il est venu ici 60,139 baigneurs, dont 47,821 Francais et 12,318 Etrangers. La proportion des Etrangers est donc pour cette année là de 26 0/0.

Cette proportion étant de 34 % en 1895, il en résulte que l'affirmation de M. le Professeur Proust est *absolument fausse,* en ce sens que loin de s'éloigner de Vichy, les chiffres ci-dessus indiquent sans conteste que la *clientèle étrangère,* que la *clientèle riche* par conséquent, s'en rapproche de plus en plus et vient chaque année plus nombreuse auprès de nos sources françaises, où elle n'a pas à subir les intolérables vexations que le despotisme allemand impose à Carlsbad — sous prétexte d'hygiène, de régime ou de cure-taxe — à ceux qui s'égarent là-bas auprès du *Sprudel* ou des *Brunnen* qui rayonnent autour de lui.

Ainsi, le nombre des Etrangers qui fréquentent Vichy pendant la saison a quadruplé en dix ans; il s'est élevé de 4,760 à 18,174.

En a-t-il été de même pour Carlsbad, puisque c'est Carlsbad qui est le fantôme avec lequel on espère vous effrayer au plus grand profit de la Compagnie Fermière de l'Etablissement Thermal de Vichy?

M. le Dr Caulet a publié en 1896 des « *Remarques sur le développe-* « *ment et sur les traditions de quelques stations thermales allemandes.* » Il y donne à la page 12 de sa brochure *une statistique par nationalité des baigneurs qui ont fréquenté Carlsbad de 1885 à 1895.*

Nous pouvons donc avoir, en consultant son travail, des termes de comparaison.

En 1885, pour 21,604 Allemands venus dans cette station thermale de la Bohême, il y est arrivé 6,307 Etrangers, ce qui fait que la proportion du nombre de ces Etrangers au nombre des Allemands était alors de 29 0/0.

En 1892, nous trouvons dans le tableau de M. Caulet :

Allemands.................. 27,059

Étrangers 9,337

Donc, proportion des Etrangers aux Allemands, 34 0/0.

Enfin, en 1895, les 42,940 baigneurs qui ont été inscrits sur les registres du *Stadthaus* de Carlsbad se répartissaient en 30,979 Allemands et 11,961 Etrangers, soit pour la proportion des Etrangers aux Allemands le chiffre de 38 0/0.

Ainsi, alors qu'à Vichy le nombre des Etrangers passait pour la période de 1885 à 1895 de 5,392 à 18,174, c'est-à-dire s'élevait de 13 à 34 º/o, celui de Carlsbad ne progressait que de 29 á 38 0/0, c'est-à-dire qu'il passait seulement de 6,307 à 9.337.

Ces chiffres que M. Proust ne démentira pas, nous en sommes convaincus, en disent plus long que ses affirmations hasardeuses ; ils sont indiscutables, nous n'insistons donc pas.

Somme toute, il résulte des lignes précédentes, qu'au contraire de diminuer la clientèle riche « composée principalement d'Etrangers » augmente dans de fortes proportions à Vichy, alors qu'elle reste presque stationnaire à Carlsbad et dans les autres stations allemandes.

Mais, ajoute M. Lasserre, on se baigne moins qu'autrefois et on s'abonne aussi moins qu'autrefois au Casino !

Alors pourquoi vouloir augmenter et l'Etablissement des Bains et le Casino lui-même. Si on se baigne moins qu'autrefois et si on s'abonne aussi moins qu'autrefois au Casino, cet Etablissement et ce Casino qui étaient alors suffisants, doivent, à plus forte raison, l'être bien davantage aujourd'hui qu'ils reçoivent moins de clientèle. Cependant il y a urgence, paraît-il, à les agrandir: nous avouons ne pas comprendre les subtilités bizarres de ce raisonnement, et nous passons.

« Voici d'ailleurs, ci-après, poursuit M. le Rapporteur, un tableau « qui fera encore mieux ressortir *cette décadence* que la Compagnie « ne pouvait évidemment proclamer dans ses prospectus.

ANNÉES	ETRANGERS DESCENDUS Dans les Hôtels	INSCRITS A l'Etablissement Thermal	PROPORTION	ABONNÉS AU Casino	PROPORTION
			0/0		0/0
1883....	43.620	5.920	14 09	9.234	21 90
1892....	59.526	3 670	6 15	8.021	13 48
1895....	72.031	3.354	4 65	7.516	10 43

« Quoi de plus éloquent que ces chiffres? »

Nous devons de suite, ici, nous étonner que les chiffres donnés par M. Lasserre pour le nombre *des Etrangers descendus dans les hôtels* ne coïncident pas avec ceux que nous avons pris comme base de nos calculs précédents. Nous ne pouvons, devant ces différences matérielles, qu'affirmer, et offrir de faire la preuve que nous avons puisé nos renseignements aux Archives mêmes, de la Ville de Vichy et sur les *Listes Officielles* qui y sont conservées. Nous ne savons où l'on a pris ceux contenus dans le Rapport.

Cela dit, nous trouvons, comme M. le Rapporteur, que ces chiffres, habilement *choisis* pour obtenir les proportions avec lesquelles on espère vous frapper tout particulièrement, sont on ne peut plus éloquents. Et quoi qu'ils eussent été différents si, par exemple, au lieu de prendre comme point de départ l'*année 1883*, on avait pris les années 1885 ou 1884, nous estimons que tels qu'ils sont, ils établissent tout juste le contraire de ce que M. Lasserre en prétend tirer.

Quoi! pendant que la clientèle de Vichy passe de 43.620 à 72.031 étrangers, c'est-à-dire presque du simple au double, les inscrits à l'Etablissement thermal baissent de 5.920 à 3.354, — soit de 14 à 4 0/0, — et les abonnés au Casino, de 9.234 à 7.516, — soit de 22 à 10 0/0 environ!

Qu'est-ce à dire?

Est-ce que, par hasard, plus il viendrait de monde à Vichy, moins on n'y prendrait de bains ou de douches, et moins on n'y rechercherait de distractions ? Il faut bien n'avoir passé *qu'un jour d'hiver* à Vichy, comme Messieurs les Sous-Commissaires, pour en avoir emporté cette idée et cette mauvaise impression.

L'explication de ce tableau — fort éloquent, mais à rebours — elle est dans ce fait que, depuis 1883, des Théâtres, des Cercles, des Casinos privés — l'Eden-Théâtre, l'Alcazar le Cercle International, le Cercle du Commerce et des Etrangers, etc., etc. — se sont édifiés à côté du Casino dela Compagnie Fermière, qui n'a pas su donner à sa clientèle, riche ou autre, des attractions ou des distractions suffisantes, que de plus avisés lui ont fournies.

Et dans cet autre fait que la Compagnie Fermière n'ayant pas voulu, *malgré ses énormes bénéfices*, faire dans l'Etablissement thermal les installations balnéaires ou hydrothérapiques que demandait le corps médical. des entreprises particulières se sont fondées à côté d'elle, à Vichy, pour donner satisfaction aux besoins du public; et qu'à l'heure actuelle, ce public peut suivre, soit aux *bains Larbaud,* soit aux *bains Lardy,* soit aux *bains Sainte-Marie,* soit aux *établissements hydrothérapiques des docteurs Lejeune, Berthomier* et *Versepuy*, soit au *Hammam Vapo-rifère*, etc., etc., le traitement médical qu'il ne pouvait suivre autrefois qu'à l'Etablissement thermal. Il a, aujourd'hui, à sa disposition, soit dans cet établissement, soit dans les autres cités plus haut, *plus de 400 bai-gnoires et plus de 30 salles de douches*, ainsi que l'ont écrit MM. les Docteurs Jardet et Nivière dans leur *Traité pratique d'Hydrologie mé-dicale*, et cela répond suffisamment à tous les besoins.

C'est donc, avec raison, que MM. les Docteurs Max et Raymond Durand-Fardel ont pu écrire dans leur opuscule sur « *Carlsbad et Vichy* », édité chez, Wallon en 1895 : « 1o Que *les installations balnéai-* « *res de Vichy sont* **largement suffisantes dans l'état actuel** ; 2o Que toutes « les variétés de *douches* installées *suivant les procédés les plus mo-* « *dernes*, les accompagnent (les bains), et offrent *toutes les diversités* « *de température et d'application que peuvent réclamer les indications* « *thérapeutiques.* »

Ce ne sont donc pas seulement les inscrits à l'Etablissement Ther-mal que M. Maurice Lasserre aurait dû prendre pour calculer sa pro-portion, mais bien les inscrits dans tous les établissements de bains ou de douches de Vichy, la somme de tous les malades qui se servent des **400 baignoires et des 30 salles de douches** dont parlent MM. les Drs Jardet et Nivière. Alors cette proportion aurait été certainement ren-versée, c'est-à-dire que les chiffres de M. le Rapporteur seraient deve-nus, pour les malades se baignant ou se douchant à Vichy, de 4.65 0/0 en 1883, de 6.15 0/0 en 1892 et de 14.09 0/0 en 1895 par rapport au nombre des Etrangers descendus dans les hôtels.

Les malades sont donc assurés de trouver ici toutes les installa-tions balnéaires ou hydrothérapiques nécessaires au soulagement de leurs maladies. La Compagnie Fermière, en ne s'imposant pas volontai-rement, quand il l'eut fallu, les sacrifices nécessaires, en a perdu, il est vrai et fait perdre par contre à l'État le *monopole*. Mais vous pouvez être certains, Messieurs, que ce ne sont pas les travaux prévus à la Conven-tion, quelqu'en puisse être le luxe et le prix, qui pourraient, maintenant le lui faire reconquérir.

En somme, la *prétendue urgence de ces travaux* n'est nullement jus-tifiée ; elle est plutôt démentie par les faits et par les chiffres sur les-quelles M. Lasserre a basé les déductions et les conclusions de son Rapport.

Si, comme nous croyons l'avoir démontré, l'urgence des travaux n'est pas suffisante pour justifier la Convention *de gré à gré* que l'on vous propose de voter, en violation du droit commun, cette Convention se défend-elle au moins par des avantages pécuniaires ou autres, supérieurs à ceux que l'Etat retirerait d'une Adjudication?

III. Question d'intérêt pour l'Etat. Obtiendra-t-il plus d'avantages par la Prolongation amiable et immédiate que par une Adjudication publique?

Notre précédent *Mémoire* a répondu à cette question par des chiffres qu'on ne conteste pas et qui sont des arguments plus sérieux que tous les plus beaux raisonnements du monde.

Nous y avons examiné, l'un après l'autre, les différents articles de la Convention du 19 février 1896. En face des avantages souscrits par la Compagnie fermière, nous avons placé les offres que nous prenions l'engagement de soumissioner dans une adjudication publique, et *à la garantie desquels le Gouvernement peut nous imposer, quand il le voudra, le dépôt de tel cautionnement qu'il jugera nécessaire.*

Ces offres, dont le Rapport ne discute même pas l'importance, nous les maintenons en entier. Nous ne pouvons donc que vous prier, Messieurs les Députés, de vouloir bien vous reporter aux passages de notre *Mémoire*, qui les contiennent, et aux *Tableaux comparatifs I et II* (pages 38, 39 et 41), qui font ressortir la *perte* que l'Etat subirait du fait de l'adoption de la Convention du 19 février 1896. Cette *perte* ne serait *pas moindre de 12 millions* pendant 30 ans. Trouvez-vous que notre Budget soit assez riche pour lui faire une pareille saignée, *au détriment des contribuables* et au très grand profit d'une Compagnie privilégiée dont les bienheureux actionnaires ont touché, depuis 1878, *des dividendes de 20 à 52 0/0 du capital de leurs actions* ?

Poser une telle question, c'est évidemment la résoudre.

Nous voulons cependant ajouter ici un mot : L'intérêt de l'Etat, dont vous devez, *avant tout*, vous préoccuper — car nous nous élevons contre la théorie qu'on a répandu dans les couloirs de la Chambre, qui voudrait que cette question de la ferme de l'Etablissement Thermal de Vichy soit une affaire *d'intérêt local*, intéressant seulement les représentants de l'Allier — l'intérêt de l'Etat, disons-nous, exige non seulement que vous rejetiez la Convention qu'on vous demande de *légaliser* par une *loi de faveur*, par une *loi d'exception*, mais encore que vous décidiez que l'adjudication publique devra se faire le plus tard possible, un an au moins, deux ans au plus *avant la fin du bail*, c'est-à-dire avant le 10 juin 1904.

En effet, « la Compagnie affirme que ses bénéfices proviennent « presque exclusivement de la vente des eaux minérales emportées en « bouteilles » (Voir l'Exposé des motifs du Projet de loi nº 1987, page 17).

Il en résulte que plus les fermiers de l'Etat expédieront de bouteilles d'eaux minérales, plus leurs bénéfices seront considérables et conséquemment plus le prix de la ferme pourra être élevé. Il est bien certain que logiquement l'Etat a le devoir de demander pour le bail de son domaine de Vichy, en 1896, par exemple, alors qu'on exporte 1,917,898 bouteilles d'eau de plus qu'en 1893 (1), un prix de fermage plus élevé que celui qu'il aurait pu exiger il y a quatre ans.

Or, la vente des eaux de Vichy a toujours suivi une progression croissante qui s'accuse davantage encore depuis quelques années. L'augmentation annuelle de cette vente est d'environ 388,984 bouteilles (2).

Si donc l'adjudication publique n'avait lieu que dans cinq ans, en 1902 par exemple, le chiffre d'expédition serait certainement alors de 2,000,000 de bouteilles de plus qu'il n'est aujourd'hui, c'est-à-dire qu'il dépasserait 12,000,000 de bouteilles pour l'année 1901 et produirait, dans les bénéfices de l'affaire, un supplément, sur ceux de 1896, de 660,000 fr. environ. Les concurrents à l'adjudication auraient donc la facilité d'augmenter de 300,000 fr., au moins, leur soumission pour le fermage annuel de l'Etablissement Thermal de Vichy, ce qui produirait, pour 30 ans de bail, une plus value de *9,000,000* pour le budget de l'Etat, sur ce qu'il peut retirer aujourd'hui de sa propriété.

Alors pourquoi se presser, pourquoi aller si vite, pourquoi vouloir enlever cette affaire sans bruit et sans discussion, puisque, quoi qu'on en dise, il n'y a pour l'Etat, aucune urgence à le faire et aussi puisque l'intérêt des finances de la République veut que le renouvellement de la location des Thermes de Vichy se fasse le plus près possible de la fin du bail en cours?

Cela dit, nous déclarons cependant, qu'ainsi que nous le disions dans notre *Mémoire* du 2 octobre 1896, nous sommes prêts à prendre part à une Adjudication *immédiate,* si vous en décidez ainsi ou si le Gouvernement désire en finir de suite avec cette question, vieille déjà de plus de dix ans.

Mais, peut-être, M. le Rapporteur se flatte-t-il d'avoir, par les modifications introduites dans la Convention du 19 février 1896, fait assez petite la part de la Compagnie fermière, et assez forte celle de l'Etat dans les bénéfices de l'exploitation pour rendre cette Convention plus acceptable.

(1) Expéditions d'eaux en 1893, chiffre officiel : 8.276.508 bouteilles. — Expéditions en 1896, chiffre officiel : 10.194.406 bouteilles.

(2) En 1891 la Compagnie a expédié 7.860.500 bouteilles. En 1896 elle en a expédié 10.194.406 bouteilles, soit 2.333.906 bouteilles de plus pour une période de 6 ans, ce qui porte bien l'augmentation moyenne annuelle à 388.984.

Si telle est sa pensée, nous allons vous démontrer, par un très court examen de ces modifications, qu'il se fait de bien étranges illusions.

* *

La Convention du 19 février 1896 prévoyait *10 millions de travaux*, dont moitié à la charge de l'Etat et moitié à la charge de la Compagnie, celle-ci devant faire l'avance de la part à la charge de l'Etat, sans intérêts, jusqu'en 1904 (art. 4).

IV. Première modification. Articles 2 et 17 nouveaux.

La nouvelle Convention du 10 mars 1897 a réduit le montant des travaux à effectuer à *9 millions 500,000 francs.*

La Compagnie aura donc, de ce chef, *500,000 francs de moins à débourser,* sur lesquels 250,000 francs seulement lui eussent été remboursés après 1904. C'est, par conséquent, un *gain net pour elle* de *250,000 francs.*

Mais elle contracte, il est vrai, l'engagement (art. 17), de servir pendant toute la durée de la nouvelle concession, soit pendant trente années, à partir de 1904, une annuité de 50,000 fr. à la Ville de Vichy.

D'autre part, elle n'aura plus à payer à celle-ci les 8,000 fr. (1) (art. 9) que l'Etat lui verse actuellement par an pour le service de la prise d'eau. C'est donc seulement une annuité de 42,000 fr. (50,000 — 8,000) qu'elle aura à débourser pour le compte de la Ville, ce qui représente un total de

$$42,000 \times 30 = 1,260,000 \text{ fr.}$$

échelonné sur trente années.

Il est bon de remarquer que l'engagement ci-dessus n'est pris « qu'à « la charge par la Ville de justifier à cette date (1904) qu'elle a terminé « les travaux d'assainissement et de construction d'égouts reconnus « nécessaires pour assurer la salubrité de la station balnéaire. »

De sorte que si, faute de ressources, ou pour une raison quelconque, la Ville de Vichy n'est pas en mesure d'exécuter, d'ici à 1904, ces travaux d'égouts et d'adduction d'eau potable qui doivent lui coûter

---

(1) M. Maurice Lasserre commet une erreur matérielle en écrivant page 18 de son Rapport : « Nous avons demandé, répondant ainsi à une préoccupation de la ville de « Vichy qu'il fut stipulé que la Compagnie verserait jusqu'au 10 juin 1904, à la Ville, les « **14.000 francs** qu'elle touche actuellement de l'Etat pour la prise d'eau qui alimente « les Parcs. ». La Ville ne touche pas et n'a jamais touché **14.000 francs** de l'Etat pour sa prise d'Eau, mais **8.000 francs** seulement, ainsi que M. le Rapporteur aurait pu s'en assurer en consultant verbalement M. l'Ingénieur ordinaire des Ponts-et-Chaussées chargé de ce service ou le *Rapport Général* de M. Ficatier, page 33, à l'appui du *Projet d'assainissement (Eaux et Egouts) de la ville de Vichy.* Il convient que nous ajoutions que l'erreur commise par M. le Rapporteur se trouve répétée dans l'article 9 de la Convention du 10 mars 1897. Cela nous semble plus grave.

plus de ***quatre millions*** (1), la Compagnie pourra se trouver dégagée de ses obligations.

Nous admettons volontiers qu'il n'en sera rien, que la Ville de Vichy fera l'impossible, — dût-elle voter pour cet emprunt seul, ***60*** centimes additionnels nouveaux (2), — pour s'assurer le bénéfice de cette clause : Quelle sera la charge nouvelle qui en résultera pour la Compagnie fermière ? La voici :

Elle devait donner immédiatement à la Ville de Vichy, aux termes de l'ancien traité, 250,000 francs ; elle en donnera, aux termes du nouveau traité, 1,260,000 francs en trente annuités. La surcharge apparente sera donc de : 1,260,000 — 250,000, soit 1,010,000 francs.

Mais, si l'on tient compte des intérêts et de l'amortissement qu'elle aurait eu à supporter, aux termes du premier traité :

1º Sur les 250,000 francs qu'elle eût dû verser immédiatement à la Ville sans aucun remboursement ultérieur, soit pour intérêts et amortissement pendant 37 ans, à 4 o/o . . . . 233,220 fr. :

2º Sur les 250,000 francs par elle avancés à l'Etat sans intérêts jusqu'en 1904, soit, pendant 7 ans, à 4 o/o, ... 78,981 fr. ; on voit que cette surcharge est singulièrement atténuée et ne dépasse guère la somme de 700,000 francs, en chiffre rond.

* *

V. Deuxième modification. Article 10 nouveau.

Si les articles 2 et 17 nouveaux imposent à la Compagnie fermière une surcharge que nous venons de chiffrer très largement à 700,000 fr., le nouvel article 10 lui accorde une compensation dont la Commission du Budget et M. le Rapporteur n'ont peut-être pas aperçu l'importance.

Cet article reporte, en effet, du 10 juin au 31 décembre 1934, le terme de la nouvelle concession ; c'est-à-dire que *cette nouvelle concession ne sera plus de trente années*, comme dans la Convention primitive

(1) Ce chiffre qui s'augmente tous les jours à mesure que les projets s'étudient et s'achèvent est exactement aujourd'hui de 4.046.000 fr. se répartissant ainsi :

Adduction et distribution d'eau.	1.350.000 fr.
Réseau d'égouts et avenue de 40 mètres.	2.696.000 fr.

(2) En effet, la Ville peut emprunter à 4 fr. 32 p. 0/0 intérêt et amortissement compris. Cela fait pour 4.000.000 une annuité de 172.800 fr. de laquelle il n'y a rien à retrancher, car il est patent que les recettes supplémentaires pouvant provenir de la vente de l'eau et du droit de chute dans le *tout à l'égout*, seront absorbées par l'entretien annuel du personnel et des machines nécessaires aux nouveaux services d'eaux et d'égouts. La Compagnie apportant, pour le paiement de cette annuité 42.000 francs, c'est en réalité 130.800 que la Ville aura à payer chaque année. Le centime de 1897 vaut à Vichy 2.377 fr., c'est donc un vote de 60 centimes additionnels qui est indispensable pour assurer l'exécution du projet d'eaux et d'égouts imposé à la Ville par l'article 17 de la Convention du 10 mars 1897.

du 19 février 1896, mais sera de *trente ans et demi passés* — exactement *trente ans six mois et 21 jours*.

Nous entendons bien que, pendant ces six mois et 21 jours supplémentaires, généreusement accordés, — comme par dessus le marché, — à la Compagnie Fermière, celle-ci ne jouira pas gratuitement du domaine de l'Etat et qu'elle payera à son propriétaire, à titre de supplément de loyer, calculé sur le pied d'un million par an, une somme de 550,000 francs environ. Du moins, nous le supposons.

Mais il y a une contre-partie qui a peut-être échappé à M. le Rapporteur et à ses collègues de la Sous-Commission : Ce sont les bénéfices supplémentaires que la Compagnie fermière réalisera pendant ces six mois et 21 jours d'existence qu'on lui octroie.

Ces bénéfices, quels sont-ils ?

Il n'est pas possible de les chiffrer exactement ; mais nous allons essayer de vous donner une idée approximative de leur importance en nous appuyant sur ceux des derniers exercices.

En 1893, la Compagnie fermière a distribué à ses actionnaires *2.363.914* francs de bénéfices nets. (Voir son *Bilan* de 1893 publié dans le n° 219 du 19 septembre 1894 de la *Cote de la Bourse et de la Banque*).

Elle avait expédié, cette année là, 8.276.508 bouteilles sur lesquelles elle avait fait un bénéfice net de 2.798.394 francs (1).

Son bénéfice par bouteille qui n'a certes pu qu'augmenter, était donc, en 1893, et est certainement aujourd'hui de 0 fr. 33 en moyenne.

Or, en 1896, la Compagnie Fermière a expédié 10.194.406 bouteilles d'eaux minérales de toutes les sources de l'Etat, c'est-à-dire 1.917.898 bouteilles de plus qu'en 1893.

Elle a donc fait, en ne tenant compte que de cet article, 632.904 fr. de bénéfices de plus qu'en 1893, c'est-à-dire que les bénéfices nets qu'elle a distribué à ses actionnaires *ou utilisés d'une autre façon*, ont du s'élever à la somme minima de *2.996.818* fr.

Si de ces 2.996.818 fr. nous déduisons la somme de 1.458.960 fr. (2) représentant les charges supplémentaires qui pèseront sur la Compagnie à partir de 1904, en vertu de la nouvelle Convention, nous obtiendrons le chiffre de *1.537.858* fr. représentant, *au minimum*, les bénéfices nets à distribuer aussi bien en 1904 qu'en 1934 si, ce qui nous semble impossible, l'affaire devait rester stationnaire, ne pas progresser, être, alors, ce qu'elle est aujourd'hui.

(1) On obtient ce chiffre en défalquant des 2.990.890 fr. portés au Bilan sous la rubrique *Bénéfices sur les Eaux diverses et Eau de Vichy*, la somme de 192.496 fr. de bénéfices accusés par le Projet de loi n° 1987, page 17, sur les *Eaux diverses ou Eaux étrangères*.

(2) Voir plus loin pages 24 et 25 pourquoi le chiffre de 1.613.960 fr. donné par M. le Rapporteur, page 9 de son Rapport, doit-être réduit à 1 458.960 fr. seulement.

C'est donc un bénéfice net, indiscutable et *minimum* de **863.726** fr.
que l'article 10 de la Convention du 10 mars 1897 octroie bénévolement
à la Compagnie fermière pour les 6 mois ,et 21 jours de bail en plus
dont elle jouira. Nous avons précédemment chiffré à *700.000* fr. la sur-
chage qu'aura à subir la Compagnie fermière du fait de la nouvelle
Convention, c'est en somme par un supplément de recettes d'environ
163.726 fr., que se chiffrera, pour le fermier, les modifications, heureu-
ses pour lui, qu'ont apporté à la Convention du 19 février 1896 M. Maurice Lasserre et la Commission du Budget.

Et il importe de remarquer que si la progression dans les ventes
se continue, comme tout le fait supposer, jusqu'en 1934, ce n'est plus
863,726 francs, mais une somme peut-être double ou triple de bénéfices que donneront ces 6 mois et 21 jours supplémentaires accordés
par l'avenant du 10 mars 1897.

Quelle est la raison de ce magnifique cadeau?

« C'est, dit M. le Rapporteur, que la Municipalité de Vichy a fait
« remarquer que la date du 10 juin 1934, — assignée d'abord comme
« terme à la concession, — correspondrait à une époque où la saison
« thermale est commencée et où le changement de fermier peut présen-
« ter des difficultés !! »

Nous doutons, Messieurs, que cette raison vous paraisse suffisante.
Elle ne serait pas, à coup sûr, fort goûtée des contribuables, qui com-
prendraient mieux, pensons-nous, qu'on diminuât la prolongation du
bail de 5 mois et demi, en portant sa fin au 31 décembre 1933, au lieu
de l'augmenter de six mois et vingt et un jours au détriment des finances de l'Etat.

．**．**

VI. Troisième modification. Article 14 nouveau.

« A partir du 1er janvier 1900, dit l'article 14, la Compagnie fer-
« mière payera à l'Etat une redevance supplémentaire de cinq centimes
« par bouteille d'eau de la *Grande-Grille*, de l'*Hôpital* et des *Célestins*
« vendue annuellement au-delà du chiffre de dix millions de bouteilles
« pour l'ensemble de ces sources. »

Voilà, Messieurs, s'il faut en croire le Rapport (page 19), « la princi-
« pale innovation introduite à la demande de la Commission du bud-
« get. » C'est ce que M. Lasserre appelle : « Assurer la *participation*
« *de l'Etat aux bénéfices ultérieurs* que pourra faire la Compagnie fer-
« mière par suite de l'extension des eaux de Vichy. »

Certes, l'intention est louable; mais le résultat pourra être mince, et même tout à fait nul, s'il plaît à la Compagnie fermière.

Cette Compagnie n'est pas, en effet, concessionnaire des trois seules sources énumérées dans l'article 14 : « *Grande Grille* », « *Hôpital* » et « *Célestins.* »

A côté de ces sources, il en est d'autres que la Commission du Budget paraît ignorer ou tout au moins avoir perdu de vue, et dont la Compagnie est également fermière. Nous voulons parler du « *Puits Chomel* » ou « *Puits Carré* », de la source du « *Parc* », de la source « *Lucas* », à Vichy même, et, en dehors de Vichy, des sources « *Mesdames* » et « *Hauterive* ».

Le « *Parc* », « *Mesdames* », et surtout « *Hauterive* » — cette dernière source identique aux « *Célestins* », tant comme température que comme minéralisation — sont des eaux très propres à l'exportation, à la vente en bouteilles.

Si donc, ces sources demeuraient affranchies de la redevance instituée par l'art. 14, il dépendrait de la Compagnie fermière d'éviter — au moins dans une très large mesure — le partage des bénéfices prévu par cet article, en poussant vigoureusement et exclusivement, par ses réclames et sa publicité, la vente du « *Parc* », de « *Mesdames* » d' « *Hauterive* », etc., et en maintenant, par contre, aux alentours des 10 millions de bouteilles, qui ne sont pas encore atteints aujourd'hui, la vente des trois sources « *Grande-Grille* », « *Hôpital* » et « *Célestins* », seules assujetties à la redevance au-dessus de ce chiffre.

Qu'on veuille bien remarquer, d'ailleurs, que la redevance du *sou par bouteille* ne frapperait que celles expédiées au-dessus de 10 millions et non point la totalité des bouteilles vendues. Par exemple, si la vente venait à atteindre 11 millions de bouteilles, un seul million serait assujetti à la redevance envers l'Etat, qui n'aurait ainsi à recevoir que : $1,000,000 \times 0$ fr. $05 = 50,000$ fr.

Et la Compagnie Fermière, quelle somme aurait-elle à encaisser de son côté? Le bénéfice net par bouteille vendue étant, d'après ses « Comptes de Profits et Pertes », ainsi que nous l'avons établi plus haut, de 33 centimes au moins, un million de bouteilles donne un bénéfice net total de 330,000 francs, qui serait réduit, par suite du prélèvement de 50,000 francs par l'Etat, à *280,000* francs pour la Compagnie.

Ainsi, sur 330,000 francs de bénéfices, il reviendrait à la Compagnie Fermière 280,000 fr. et à l'Etat, propriétaire, seulement 50,000 francs.

La fameuse participation de l'Etat aux bénéfices serait de 15 0/0 seulement!

Nous voilà bien loin du projet exposé à la Sous-Commission du Budget par son Président, M. Siegfried, qui aurait voulu répartir les bénéfices nets de l'exploitation comme suit :

> 75 0/0 à l'État;
> 5 0/0 à la Ville;
> 20 0/0 à la Compagnie Fermière.

(Voir le Rapport, page 10).

Dans le système qui a prévalu, les proportions sont renversées : De 75 0/0 l'Etat tombe à 15 0/0. Encore sa participation ne s'exercera-t-elle pas sur tous les bénéfices, mais sur une *fraction minime de ces bénéfices*.

Sur cette fraction la Compagnie recevra **85 0/0.**

Si donc la part de l'Etat a diminué de 60 0/0, par contre celle de son fermier a augmenté de 65 0/0. Il y a, ainsi, compensation : la Compagnie fermière aurait bien tort de s'en plaindre. Mais, nous serions curieux de savoir ce qu'en pense l'honorable M. Siegfried : le Rapport est absolument muet sur ce point, qui a bien son importance, cependant.

A la vérité, il faut tenir compte d'un élément qui n'entrait sans doute pas dans le calcul de M. le Président de la Sous-Commission : le million de fermage annuel stipulé par la Convention. De l'aveu même de M. le Rapporteur, cela ne rétablit pas l'équilibre puisque d'après les indications du Rapport (page 10), la Convention doit laisser au fermier « *le tiers des bénéfices* », soit *33,33 0/0.*

Et cette évaluation est encore beaucoup trop faible. Cette faiblesse provient de deux causes :

D'une part, M. le Rapporteur a pris pour base de son calcul une *moyenne* de bénéfices nets, calculée sur les dix dernières années, qui serait de 2.205.577 francs, tandis que les bénéfices certains, réalisés en 1893, étaient de 2.363.914 francs, et qu'ils n'ont pu, depuis lors, que s'accroître par suite de la progression de la vente des Eaux de Vichy, vente qui était de 10.194.406 bouteilles en 1896. Il en résulte un accroissement de Recettes sur 1893 de 632.904 francs, ce qui porte à **2,996,818** francs *au minimum*, le chiffre des *Bénéfices nets actuels du fermier*, au lieu de 2.205.577 fr. pris comme base des opérations arithmétiques de M. le Rapporteur qui diminue ainsi, de 791.241 francs les bénéfices présents du fermier de l'Etat.

D'autre part, dans le calcul des augmentations de charges devant résulter pour la Compagnie fermière de la Convention nouvelle, M. Lasserre fait figurer (page 9 de son Rapport) :

> 1° Redevance à l'Etat . . . .   1.000.000 fr.
>
> 2° Entretien des parcs et routes thermales. . . .   55.000 fr.

sans déduction de la redevance actuelle de 100.000 francs, et des 55.000 francs versés, maintenant, à l'Etat par la Compagnie, pour l'entretien de ces parcs et routes thermales.

Ces deux sommes ayant été comptées déjà dans le Bilan de la Compagnie fermière, pour l'établissement des bénéfices nets à distribuer, ne doivent pas évidemment figurer à nouveau dans les augmentations de charges à déduire de ces bénéfices. Il est certain, en effet, que *l'augmentation* du loyer annuel n'est pas de 1.000.000 comme l'indique M. Lasserre, mais de 900.000 fr. seulement: M. le Rapporteur a donc commis là, encore, une erreur matérielle qu'il reconnaîtra certainement.

Ainsi, d'une part, 791.241 francs comptés en moins aux bénéfices nets, et d'autre part, 155.000 francs comptés en trop aux augmentations de charges, c'est en définitive, *946.241 francs qu'il convient d'ajouter* aux bénéfices annuels nets que dans les prévisions de M. le Rapporteur, la Convention nouvelle doit laisser au fermier.

Nous voilà bien près des 1.600.000 francs que dans les calculs exposés dans notre précédent *Mémoire* (page 43) la Convention réserve, comme bénéfices nets probables, dès 1904, à la Compagnie fermière.

Seize cent mille francs de bénéfice net pour rémunérer un capital social de 4.240.000 francs, c'était, disions-nous du *38 o/o*. Voulez-vous, pour vous prémunir contre tout *alea*, réduire ces prévisions d'un quart? *Douze cent mille francs* seulement de bénéfices représenteraient pour le capital social de la Compagnie fermière, une rémunération de *28 à 29 o/o* N'est-ce pas encore excessif?

Dans son projet de *partage des bénéfices*, l'honorable M. Siegfried admettait que 12 o/o de revenu (5 o/o d'intérêts et 7 o/o de dividende, V. Rapport, page 11) étaient un attrait suffisant pour les capitaux: Nous le croyons sans peine, et nous n'avons pas dit autre chose. Que le Gouvernement dresse un Cahier de Charges se tenant dans ces limites, et qu'il mette en adjudication, après publicité; on verra si les capitalistes manqueront à l'appel.

.˙.

Un dernier mot sur ce point, Messieurs les Députés; c'est un souvenir en même temps qu'un enseignement. Conclusions.

En 1864, M. de la Guistière, dans le Rapport que nous avons déjà cité, supputait le revenu probable que la Convention, soumise alors au vote du Corps Législatif, devait assurer aux actionnaires de la Compa-

gnie fermière. « Il ne resterait plus à examiner le projet de Conven-
« tion, disait-il, qu'au point de vue des intérêts de la Société Fermière
« de l'Etablissement. Mais alors, vous le comprenez, le rôle de la Com-
« mission changeait. Comme il était fort peu à craindre que la Société
« ne prit pas, à ce point de vue, toutes les précautions nécessaires, on
« ne devait pas chercher à se garantir de l'exagération de ses préten-
« tions. A cet égard, des amendements importants, admis par le Conseil
« d'Etat, et dont nous rendrons bientôt compte, ont parfaitement déter-
« miné la limite de ses droits futurs. On a pris pour base des calculs
« à établir l'amortissement de 1 0/0 par an, productif de 4 0/0 d'intérêt
« *et l'on a calculé à 8 0/0 l'intérêt des sommes formant le capital de la Compa-*
« *gnie.* Le produit des taxes nouvelles a été évalué, de l'avis de tous, à
« 148,000 francs; joint au revenu net ancien de 209,000 francs, cette
« somme forme un total de 357,900 francs, dont il faut distraire 55,000
« francs, pour complément de revenus à verser à l'Etat. Il reste donc
« pour le service des intérêts et de l'amortissement 302,900 francs. Le
« service des intérêts à 8 0/0 sur : 1º une somme de 1,379,000 francs, dé-
« penses mises à la charge de la Société, et 2º sur celle de 1,996,000
« francs, capital ancien non encore amorti de cette même société, soit
« une somme totale de 3,375,000 francs, s'élève à 270,000 francs. Les
« 32,900 francs restant serviront à opérer son amortissement, ce qui
« exige un délai de quarante et un ans, soit une prolongation de bail
« de dix-huit ans. »

Ainsi, à une époque où la rente rapportait 4 fr. 55 0/0, M. de la
Guistière trouvait qu'un intérêt de *8* 0/0 était suffisant pour satisfaire les
actionnaires de la Compagnie fermière. Et, aujourd'hui, que cette même
rente ne produit plus à ses porteurs que 2 fr. 90 0/0 M. Maurice Lasserre,
en harmonisant cependant à sa façon des chiffres bien connus et sur
lesquels, si on les examine sans parti pris, il ne peut y avoir désaccord,
reconnait, qu'après la Convention, le capital social de la Compagnie fermière recevra un dividende minimum de 746,617 francs (1) ce qui représente un revenu supérieur à *17* 0/0, alors que M. de la Guistière attribuait, en 1864, nous le répétons, à ce même capital, un dividende de
8 0/0 seulement.

Et, qu'on le remarque bien, nous établissons ce revenu de 17 0/0 avec
les données mêmes du Rapport. Si, au lieu de prendre comme bénéfices

(1) M. le Rapporteur prend comme chiffre moyen des bénéfices annuels de la Compagnie la somme de 2.205.577 fr. (page 9 du Rapport). Il établit, à la même page, que les
charges supplémentaires devant résulter pour cette Compagnie de la nouvelle Convention s'élèveront à 1.613.960 fr. Mais nous venons de voir que cette somme est, grâce à une
erreur matérielle qu'on ne peut nier, augmentée de 155.000 fr. et doit être ramenée à
1.458.960 fr. Les bénéfices nets à distribuer, après la Convention, seront donc bien, d'après
M. Lasserre lui même : de 2.205.577 — 1.458.960 = 746.617 fr.

la somme de 2.205.577 francs, moyenne de dix ans, on base les calculs
sur le bénéfice réel de 1896, qui est au minimum de 2.996.818 francs, on
obtient, en défalquant la dépense supplémentaire de 1.458.960 francs, la
somme de *1.537.858* francs à distribuer, ce qui porte le dividende annuel
à **36** 0/0 environ.

Et l'on a qualifié la Convention de 1864 un *acte de favoritisme !*
Que dira-t-on alors de celle-ci ?

L'erreur commise par les Ministres et les Chambres de l'Empire a
peut-être son excuse dans l'imprévision, alors permise, des destinées
réservées à Vichy. Mais aujourd'hui, après l'expérience des trente-trois
dernières années, dans lesquelles la ferme a rapporté aux actionnaires de la Compagnie jusqu'à **52 0/0** de leur capital, alors que notre
grande station thermale est assurée d'un avenir de plus en plus prospère,
la même erreur serait criminelle, elle serait sans excuse.

Vous ne voudrez pas la commettre, Messieurs les Députés, et vous
repousserez, nous n'en doutons pas, la Convention de faveur qu'on
vous demande d'approuver dans le seul but de sauver d'une liquidation
finale des actions émises à 530 francs et qui, grâce surtout aux dividendes distribués, ont atteint et même dépassé le cours de *4,000* francs,
alors que la redevance due à l'Etat restait invariablement fixée aux
100,000 francs prévus par le bail de 1853.

Cette nouvelle Convention, du reste, comme celle du 19 février
1896, ne satisfait personne si ce n'est la Société financière qui doit en
bénéficier : Vous avez reçu déjà, en effet, sous des formes différentes, les
protestations de la Commission administrative des Hospices et de la
Société des Sciences Médicales de Vichy ; le Commerce des Eaux minérales de France a fait déposer sur le bureau de la Chambre des Députés, une pétition demandant, contre l'avis intéressé d'un prétendu Président de Syndicat d'Eaux minérales, l'addition à la Convention du 10
mars 1897 de l'article 14 de la Convention primitive du 19 février 1896
un grand nombre d'électeurs d'Hauterive, vous sollicitent aussi de ne
pas oublier leur Commune dans la répartition des bénéfices du domaine
de l'Etat ; il n'est pas jusqu'au Conseil municipal de Vichy qui, mé-
content des justifications que lui impose l'article 17 de cette nouvelle
Convention a décidé, *par 12 voix sur 27 conseillers inscrits,* d'intervenir
officiellement auprès de la Compagnie fermière pour qu'elle consente à
verser, *immédiatement,* malgré l'Etat qui ne serait sans doute pas con-
sulté, malgré les termes formels de cet article 17, l'annuité de *50,000*
francs que le budget de la Ville doit, en tout état de cause, ne recevoir
qu'à partir du 10 juin 1904.

Vous ne voterez pas, Messieurs les Députés, la *loi d'exception* nécessaire pour que la Convention du 10 mars 1897 devienne définitive, car cette loi lèserait à la fois les sentiments du droit, de l'équité, l'égalité des citoyens devant la loi et les vrais intérêts de l'Etat.

Votre vote signifiera, au contraire, que, comme vos prédécesseurs de 1884, vous exigez pour Vichy, comme pour tous les autres Etablissements thermaux de l'Etat:

La Ferme, par voie d'Adjudication avec Publicité et Enchères.

Dans cet espoir, nous avons l'honneur de nous dire, Messieurs, les Députés,

Vos respectueux serviteurs.

POUR LA *Société Générale d'Eaux Minérales Naturelles du Bassin de Vichy et du Centre de la France :*

Le Président du Conseil d'Administration,

G. BLANCHON

Vichy, *le 3 juin 1897.*

9 782019 176778